A VIDA É BELA
no trabalho

DOMINIQUE GLOCHEUX

A VIDA É BELA
no trabalho

SEXTANTE

Título original: *La Vie en Rose au Boulot*

Tradução
André Telles
Preparo de originais
Virginie Leite
Regina da Veiga Pereira
Revisão
Antônio dos Prazeres
Sérgio Bellinello Soares
Ilustração da capa
Catani
Projeto gráfico, diagramação e capa
Valéria Teixeira
Fotolitos
RR Donnelley
Impressão e acabamento
Yangraf Gráfica e Editora Ltda.

CIP-BRASIL. CATALOGAÇÃO-NA-FONTE
SINDICATO NACIONAL DOS EDITORES DE LIVROS, RJ

G479v

Glocheux, Dominique, 1962-
A vida é bela no trabalho
/ Dominique Glocheux ; tradução André Telles. – Rio de Janeiro : Sextante, 2005

Tradução de: La vie en rose au boulot
ISBN 85-7542-166-2

1. Alegria. 2. Felicidade. 3. Satisfação no trabalho. 4. Motivação no trabalho. 5. Ambientes saudáveis de trabalho. 6. Qualidade de vida no trabalho. I. Título.

05-0975.

CDD 174.8
CDU 174

Editora Sextante (GMT Editores Ltda.)
Rua Voluntários da Pátria, 45 – Gr. 1.404 – Botafogo
22270-000 – Rio de Janeiro – RJ
Tel.: (21) 2286-9944 – Fax: (21) 2286-9244
E-mail: atendimento@esextante.com.br
www.sextante.com.br

Introdução

Vivemos numa era de trabalho sem fim. Carregamos preocupações profissionais para casa, acordamos no meio da noite tentando resolver problemas, temos uma sensação permanente de que não estamos dando conta do recado e de que o dia precisaria ter 48 horas. O celular nos persegue a todo momento e em todos os lugares: em casa, nos trajetos de ida e volta para a empresa e às vezes até mesmo nos fins de semana e durante as férias.

O tempo de trabalho não está mais ligado à presença no escritório. Vivemos em apnéia, "de vigília", incapazes de nos desligar. Resultado: o trabalho se torna pesado, estressante, difícil de harmonizar com outros aspectos importantes da vida.

Então como reinventar o trabalho e resgatar suas virtudes indispensáveis à paz social e à felicidade humana? Como encontrar o equilíbrio entre vida pessoal e profissional?

É preciso inaugurar uma nova maneira de viver, de trabalhar, de nos relacionarmos com as pessoas. Acredito que podemos transformar o mundo suavemente. E sonhar já é se aproximar do que desejamos...

Cada um dos 410 itens deste livro é uma possibilidade de transformar nossos sonhos em realidade. De tornar o trabalho mais criativo, mais produtivo, mais compensador. Que a vida seja bela no trabalho. Feliz, prazerosa e plena de realizações.

"A vida floresce pelo trabalho."
(Arthur Rimbaud)

"Tudo o que não é dado é perdido."
(Provérbio indiano)

"A felicidade vai ao encontro dos que sabem rir."
(Provérbio japonês)

"Eu me contentarei com o melhor."
(Oscar Wilde)

"Eu me contentarei com a felicidade."

"Eu amo vocês..."

1. Seja simples.

2. Dê prioridade às suas prioridades.

3. Saiba tomar partido.

4. Mantenha seu currículo atualizado.

5. Termine o que você começou.

6. Comece a planejar seu próximo fim de semana na noite de domingo.

7. Corra um risco por dia. Mesmo que no começo ele seja bem pequeno.

8. Aprenda a falar com as pessoas: escute-as.

9. Peça ajuda e ajude os outros a ajudá-lo.

10. Muitos perdem a vida tentando ganhá-la. Viva.

11. Concentre-se em tudo o que está indo bem. Não o contrário.

12. Ponha as coisas de novo no lugar assim que puder.

13. Não perca a oportunidade de falar em público.

14. Afogue o estresse e as preocupações nas bolhas de uma Jacuzzi.

15. Diga com mais freqüência: "Vamos apagar tudo e recomeçar."

16. Encontre três idéias para fazer em grupo o que até agora você fazia sozinho.

18. Aprenda a tirar um doce-surpresa da orelha de uma criança.

19. Você nunca irá além de suas expectativas e convicções. Então sonhe alto, sonhe longe, grande, vasto. Ultrapasse o teto que você se impôs. Supere os seus limites.

19 bis. ...e sonhe mais alto. Ainda mais alto. Ainda mais alto.

20. Cerque-se de pessoas felizes, otimistas e com sorte. É contagiante.

21. Poupe as energias não-renováveis.

22. Diminua o ritmo.

23. Ao marcar uma reunião ou encontro de trabalho, escolha sempre a primeira hora: você vai esperar menos.

24. Ensine as crianças a fazer um pedido quando virem uma estrela cadente.

25. Descubra o segredo da palavra "organização": adote regras, métodos, rituais. Ficará surpreso com a riqueza deles e com o estresse e o tempo poupados.

26. Aprenda a fazer respiração boca-a-boca.

27. Diga com mais freqüência: "Ninguém é perfeito."

28. Salve regularmente seus arquivos no computador.

29. Cerque-se de aromas, sons e cores agradáveis.

30. Tenha um estoque de etiquetas, cartões de visita e papéis timbrados com seu nome e endereço.

31. Curta o 1º de abril. A ausência de brincadeiras é muitas vezes sinal da presença de chatos.

32. Mantenha-se em forma. Cuide da aparência. Sentir-se bem por fora ajuda a se sentir bem por dentro. Tudo vai parecer mais simples e fácil.

33. "A felicidade nunca foi o prêmio dos teimosos." (Jean Giraudoux)
Reflita.

34. Esboce três idéias para ter um desempenho excepcional.

35. Resgate três idéias, ainda que muito arriscadas, que não lhe saem da cabeça há anos e que você nunca se atreveu a realizar. Estude em detalhe como as executaria agora com maior chance de sucesso.

36. Imagine que você se lançou num projeto temerário, audacioso, desbravador, e que absolutamente TUDO esteja dando certo...

37. ...preste atenção a todos os detalhes dessa "viagem". Use os cinco sentidos: veja, ouça, sinta, etc. Observe minuciosamente: logo você encontrará um meio de aplicar todas as suas descobertas à realidade...

38. Faça mágica. Não maluquice. Trabalhe menos. Porém, melhor.

39. Ache um parceiro: fazer exercício a dois é mais fácil, instigante, engraçado e motivador.

40. Agrupe atividades da mesma natureza: procedimentos, compras, reuniões fora do escritório, pesquisas, etc. É muito mais rápido e agradável.

41. Faça pequenas pausas no correr de seu dia de trabalho. Feche os olhos, relaxe o corpo e respire fundo três vezes.

42. Às vezes, o melhor a fazer é atirar-se na água. Nesse caso, pule rápido: a água estará melhor do que você imagina.

43. Lembre-se de que a vida continua depois do trabalho. Sobretudo quando você acha o contrário. Ou mude de vida.

44. Deixe-se guiar por seus objetivos, levar por seu coração e arrebatar por seu entusiasmo.

45. Simplifique a vida. Não é porque um telefone toca ou um e-mail ou uma correspondência chega que você deve parar tudo para lhe dar prioridade.

46. Entre numa livraria. Cheire os livros. Garimpe. Folheie. Hesite. Deixe-se conquistar. Depois saia com aqueles que dividirão o travesseiro com você.

47. Ponto de honra: aprenda uma coisa nova todos os dias.

48. Não é só porque alguma coisa é fácil que você deve fazê-la.

49. Não deixe ninguém determinar seus objetivos e prioridades pessoais.

50. Libere seu potencial, suas capacidades reais. Entregue-se.

51. Encontre três motivos para voltar voando para casa esta noite. Entre em ação.

52. Anote seus compromissos a lápis. Em caso de mudança, só terá que apagá-los.

53. Identifique e comemore cada progresso. Passo a passo, eles o levam ao sucesso.

54. Divulgue seus avanços para todo mundo. Não há nada melhor para desencadear outros progressos, provocando uma verdadeira reação em cadeia entre todos aqueles que o cercam.

55. Não perca a oportunidade de estender uma roupa num varal ao ar livre, em pleno verão.

56. Observe a fisionomia dos seus colegas de escritório. Tenha cuidado ao escolher seu trabalho, pois cedo ou tarde você ficará parecido com eles.

57. Adquira o bom costume de não julgar nem criticar uma idéia enquanto ela estiver em gestação. Durante a criação, nada é bom ou ruim.

58. Pense em chá em vez de café: sua visão de mundo pode mudar com isso.

59. Diga com mais freqüência para você mesmo: "Fiz o melhor que pude e isso me basta completamente."

60. Se você tivesse a opção de receber, por toda a vida, 60% do seu salário sob a condição de largar o emprego, o que escolheria? Se hesitar por mais de sessenta segundos, exulte. Você está no emprego certo.

61. Anote com cuidado as três principais vantagens de seu emprego atual de que você sentiria falta. Saboreie-as enquanto ainda pode desfrutá-las.

62. Memorize o nome dos filhos de seus colegas.

63. Aqueles que o cercam são um espelho: dê e você receberá. Então dê mais. Muito mais.

64. Tenha confiança em você: confie nos outros.

65. Confie nos outros: delegue mais.

66. Não ocupe sua cabeça com detalhes. Não tente lembrar a data, a hora, o objeto de determinado encontro ou o telefonema que precisa dar: anote tudo em sua agenda e não pense mais no assunto. É apenas um hábito a ser adquirido.

67. Se não tivesse nenhum receio de perder seu emprego atual, o que você faria? Encontre três idéias. Coloque-as em prática.

68. Chegue adiantado oito minutos às suas reuniões. Você terá surpresas agradáveis com muito mais freqüência do que se estivesse sendo apenas pontual.

69. Capriche na apresentação de projetos importantes. Que seja clara, breve, precisa e motivadora. Um projeto bem apresentado é meio caminho andado.

70. Tenha sempre ao alcance da mão cinco currículos prontos para serem enviados a qualquer momento.

71. Ponha em prática três idéias fáceis para estimular o espírito de equipe e criar um "espírito de família".

72. Viva cada dia como se fosse o último.

73. Dê sempre uma chance para quem está começando.

74. A cada discussão, esforce-se para que todos se sintam vitoriosos e fortalecidos. Mágica: de agora em diante você só discutirá sem brigar.

75. Não subestime a importância do entusiasmo e da constância.

76. Encontre um tempo para observar a chuva cair, o sol brilhar, as crianças brincarem. Suma. As melhores idéias geralmente surgem quando se tem o espírito livre.

77. Leve flores para o seu local de trabalho. Mais tarde você encontrará um motivo para isso.

78. Ponha suas idéias no papel: você pensará mais rápido, de forma mais intensa e profunda.

79. Seja qual for a distância percorrida, nunca hesite em mudar de direção. O mais cedo possível. Assim, ganhará tempo e energia preciosos.

80. Ao se deitar, faça uma seleção dos três melhores momentos daquele dia.

81. Não perca a oportunidade de fazer o bem às pessoas ao seu redor.
De preferência, sem que ninguém saiba.

82. Estimule a reciclagem: compre produtos reciclados.

83. Encontre três motivos para se alegrar com seu atual emprego.

84. Tome nota. E comece uma lista sem fim. A ser saboreada e relida muitas e muitas vezes.

85. Ouse abrir a porta. Você não imagina o que está à sua espera atrás dela.

86. Aprenda a ser especialmente calmo, amável, educado e elegante com aqueles que não são nada disso. Essa mistura mágica desarma, desbloqueia, desemperra e relaxa.

87. Conserte logo o que está quebrado.

88. Não perca a oportunidade de conversar com uma criança de sete anos. Você reaprenderá o que é de fato importante.

89. O sucesso chega quando você possui o que queria, mas a felicidade e a serenidade só são alcançadas quando você quer o que possui. Seja feliz.

90. Durante um mês inteiro, faça questão de ficar à frente. Na primeira fila.

91. Precipite uma tomada de decisão propondo uma solução.

92. Evite exaltar-se: ao perder o sangue-frio, você perde muito do respeito dos outros.

93. Descubra as maravilhas do orvalho numa bela manhã: na relva que cobre o jardim, na teia de uma aranha, na folha de uma árvore sob um raio de sol. Essa paz e essa beleza, simples e inebriantes, aguardam você todas as manhãs.

94. Caminhe em ritmo intenso pelo menos oito minutos antes do almoço.

95. Não faça rodeios. Peça diretamente o que você quer.

96. Esboce três idéias para valorizar cada um de seus colegas.

97. Desconfie de sua vontade de se sentir ocupado: ela é ávida, voraz, sempre prestes a se consumar. E a consumi-lo. Junto com tudo o que está ao seu alcance. Resista.

98. Seja audacioso. Muitas vezes os caminhos mais trilhados não levam a lugar nenhum.

99. Comece cedo pela manhã. Ideal para ter vontade de ter vontade. Para se empenhar a fundo. E permanecer estimulado mesmo durante longos projetos.

100. Esclareça os mal-entendidos. Rapidamente. As zonas de sombra entre as pessoas atraem frustração, mal-estar e pensamentos escusos. Desgaste na certa.

101. A maioria das coisas que tememos nunca se realiza: o pior medo que existe é o próprio medo. Viva com o coração leve.

102. Tente esquecer de você durante 24 horas: mostre interesse pelos outros, pelo que o cerca. Ao voltar novamente a atenção para você, irá se sentir melhor. Mais rico, renovado.

103. Deixe-se guiar pelo que você mais gosta. Isso o levará direto aonde você sonha chegar.

104. Enfrente obstáculos, preocupações e problemas com confiança, segurança e serenidade.

105. Liste o que não vai bem na sua vida. Faça uma triagem. Depois comece a fuzilaria.

106. Nos próximos trinta minutos, peça um favor ou uma ajuda a três colegas.

107. Exija que o objetivo e a duração de uma reunião sejam determinados antes de começar. Você ganhará um tempo precioso. Sobretudo porque algumas dessas reuniões jamais acontecerão.

108. **Evite levar trabalho para casa: sua família é mais importante.**

109. Dê atenção aos detalhes: eles estimulam a imaginação. Às vezes com força suficiente para ofuscar todo o resto.

110. Lembre das três experiências mais emocionantes que você já teve em sua vida profissional.

111. Fixe em sua memória essas três imagens de felicidade, força e sucesso.

112. Peça desculpas rápido e formalmente. Com isso, evitará complicações, explicações e outras justificativas.

113. Não confunda poder e autoridade. A diferença entre ambos chama-se "respeito".

114. As palavras são como sementes. Semeie beleza, amor, força e alegria todos os dias.

115. Não espere ter um pouco de calma ou um momento mais propício. Planeje e reserve tempo para tudo o que lhe parecer importante.

116. Cuide de sua reputação. Boa ou má, ela gruda com facilidade, mas desgruda com muita dificuldade... ainda que não corresponda mais à realidade há bastante tempo.

117. Explique ao seu filho o que você faz no trabalho todos os dias.

118. Tenha cem vezes menos idéias, intenções, projetos. Aja mais. Concretize. Suas ações são mil vezes mais eficazes do que tudo o que você poderia inventar.

119. Se passasse a receber seis mil reais por mês graças a uma pensão vitalícia, o que você mudaria em sua vida? Pense em três idéias e estabeleça um prazo de três meses para realizá-las.

120. Nunca interrompa quando alguém estiver lhe fazendo um elogio.

121. Decida, depois vire a página. Sem sentimentalismos. Evite voltar atrás ou pensar nas outras opções. Passe à decisão seguinte e dê-lhe toda a sua atenção.

122. Leia um clássico: redescubra as sensações, a linguagem e os valores que se perderam ao longo dos anos.

123. Muitos perdem a felicidade correndo atrás dela sem parar. Respire: dê um tempo para que ela o alcance.

124. Se você sai tarde do trabalho regularmente, encontre três razões pelas quais adia o momento de voltar para casa.

125. Dê um jeito de acabar definitivamente com cada um desses motivos.

126. Não manipule. Cedo ou tarde, você vai se dar mal.

127. Enumere três idéias para fazer o mesmo trabalho economizando 30% do tempo.

128. Não compre um computador de última geração se o seu atual lhe satisfaz plenamente.

129. Escreva de maneira clara e objetiva: é só um costume a ser adquirido.

130. Você se lembra das suas últimas férias, quando, ao retornar de viagem e tirar as malas do carro, ouviu uma vozinha sussurrando: "Para que voltar ao batente?" Pense numa resposta. Rápido.

131. Depois de um projeto bem-sucedido, tire uma foto com todos os colegas do escritório. Faça um pôster com toda a equipe celebrando a vitória.

132. Nunca minta.

133. Depois de uma viagem profissional, traga um presente-surpresa para o seu amor.

134. O senso de humor é como um músculo: quanto mais o usamos, mais ele se fortalece. Coloque o seu para fazer musculação. O humor será sempre seu primeiro socorro.

135. Desligue. Como se tivesse sido puxado de uma tomada gigante e invisível, envie no fim do dia um sinal claro de corte de energia, sobretudo para aquela vontade irresistível de pegar no pesado. Já é tarde demais, acabou.

136. Amanhã, antes de ir para o trabalho, tome seu café da manhã num lugar diferente.

137. Não desanime, não arrefeça. É a única maneira de ir até o fim.

138. Presenteie-se com um batismo de mergulho submarino. Se possível, perto de um recife.

139. Levante-se para tomar a palavra. Seja qual for a platéia, você será escutado.

140. Não se mate para adquirir qualidades ou competências excepcionais: utilize em primeiro lugar o máximo de seus trunfos atuais e aptidões naturais.

141. Simplifique a vida. Não é porque lhe entregaram uma papelada, um cartão de visita ou uma amostra grátis que você deve guardá-los. Fique mais leve.

142. As quatro regras de OURO: atribua prioridades aos seus problemas, cuide deles um por um, delegue ao máximo, concentre-se.

143. "Concentre-se" significa: esqueça todo o resto, entregue-se de corpo e alma a UMA coisa de cada vez, sem interrupção.

144. Faça o possível para que suas primeiras palavras ao chegar ao local de trabalho para começar o dia sejam sempre positivas.

145. Valorize seu chefe, ajude-o a brilhar em público. E caso você seja o todo-poderoso, brilhe pela discrição.

146. Mostre a língua mentalmente para três pessoas.

147. "Amanhã eu faço isso" acaba sempre com "Eu deveria ter feito ontem". Faça agora. Ou não faça nunca mais.

148. Tome cuidado: a confiança é essencial, mas desce de elevador e sobe de escada.

149. Cuidado com o excesso de informação: selecione suas fontes de consulta, concentre-se nos temas que lhe interessam e passe os olhos no resto.

150. Para encontrar as conchas mais bonitas, é preciso caminhar lentamente. Diminua o passo.

151. Quando uma porta se fecha, logo se abre uma janela. Encontre-a. Um elevador estará à sua espera bem ao lado dela.

152. Estabeleça objetivos progressivos e prioridades claras: é a única maneira de manter sua motivação a longo prazo.

153. O trabalho de uns faz a felicidade dos outros. Encontre o seu.

154. Descubra três maneiras de sair mais cedo do trabalho.

155. Agradeça com mais freqüência. Alguns segundos de delicadeza, atenção e reconhecimento às vezes fazem toda a diferença.

156. Crie uma lista-padrão para as rotinas que se repetem e tenha uma cópia sempre à mão: seu trabalho ficará bem mais simples e você se tornará mais eficiente.

157. Crie incessantemente novas listas: para sentir a satisfação às vezes inebriante de riscar o que foi executado, de ter sob seus olhos a prova de seu progresso e dos esforços acumulados, de ter respeitado suas prioridades e poupado um tempo incrível sem um empenho especial.

158. Marque um encontro para logo depois de uma reunião: você otimizará o seu tempo.

159. Não perca a chance de descer num tobogã.

160. Tenha uma única agenda para seus encontros profissionais e particulares.

161. Visualize-se relaxado,sorridente, descansado, satisfeito e radiante. Suspire de prazer.

162. "Por que se atirar na água antes que o barco vire?" (Ditado popular) Reflita. E continue a remar. Você está mais perto de seu destino do que pensa.

163. Encontre um lema para reunir toda a sua equipe sob a mesma bandeira. Que cada um se reconheça nele e fique orgulhoso. Aprimore-o progressivamente.

164. Trabalhem em conjunto para criar um lema que agrade a todos. É mais demorado e complicado, mas incentivará todo mundo a vestir a camisa.

165. Escolha três obrigações para adiar, anular ou evitar para sempre.

166. Peça a seus colegas de trabalho que elaborem uma lista de perguntas em vez de interrompê-lo a todo instante com uma dúvida. É só um hábito a ser adquirido. Faça o mesmo em relação a eles.

167. Crie um "caderno mágico": na primeira página, escreva o nome da pessoa que você gostaria de convidar para trabalhar no projeto que mais preza. Esse caderno é mágico porque, ao anotar seus desejos, as pessoas virão até você: "O próximo!"

168. Trabalhe o mais perto possível do centro de decisões.

169. As pessoas cansadas tomam decisões erradas. Descanse.

170. Resolva os conflitos antes que sejam enterrados: as guerras de trincheira muitas vezes consomem uma energia inacreditável para um resultado pífio.

171. Faça com freqüência coisas em que você é o máximo: você precisa saber que é competente.

172. Fale devagar e com suavidade. Será escutado mais clara e prontamente.

173. Entenda exatamente por que você trabalha tão duro: qual o sentido de ganhar mais dinheiro se você não sabe o que fazer com ele? Para que se matar por belas férias, um belo carro e uma bela casa, se você não tem tempo, humor ou saúde para aproveitar?

174. Não tenha medo de assumir um risco calculado. O custo de um projeto conta menos do que os ganhos que ele pode trazer.

175. Escolha ser alegre e otimista.

176. Permaneça fiel a suas convicções e a seus princípios.

177. Escute os conselhos nascidos do bom senso. Atentamente. Não raro são os melhores. E, ainda por cima, são de graça.

178. Deixe-os amadurecer para melhor desfrutá-los: às vezes é preciso uma vida inteira para compreendê-los. E finalmente aplicá-los. Então sirva-se deles o mais cedo possível.

179. Encontre três pessoas para felicitar nos próximos trinta minutos.

180. “Aquele que sabe se contentar estará sempre contente.” (Lao-tsé)
Reflita.

181. Adquira o bom hábito de centralizar todas as suas anotações no mesmo caderno.

182. Dê sempre o primeiro passo.

183. Deite-se sob um céu de verão, braços e pernas bem afastados. Com os olhos fechados, sinta seu corpo penetrar na terra como se tivesse milhares de raízes saindo de cada um de seus centímetros quadrados.

184. Aprenda uma língua estrangeira.

185. Crie um sistema de carona programada no seu local de trabalho. Todo mundo que tiver carro deve informar se está disponível para levar outros colegas e o trajeto que vai percorrer. Estimule o desenvolvimento desse tipo de transporte, uma das melhores alternativas para o meio ambiente.

186. A maioria dos grandes êxitos tem origem num enorme fracasso transformado em sucesso. Aproveite seus fracassos: olhe-os de frente, analise-os, tire lições deles. O fracasso é freqüentemente um ensaio para o sucesso.

187. Seja um daqueles que enxergam melhor com os olhos fechados.

188. Quando não entender bem uma explicação, não finja. Peça para repetirem.

189. Quando falar consigo mesmo, encoraje-se.

190. Liste tudo o que gostaria de fazer se dispusesse de uma hora a mais por dia e de um dia a mais por semana.

191. Esboce três idéias para concretizar nos próximos três meses. Vai ser muito importante para você.

192. Evite dizer "Está tudo bem" quando não for o caso.

193. Beba muita água.

194. Pergunte aos outros o que eles fazem para simplificar a vida no trabalho. Anote minuciosamente.

195. Mantenha distância das pessoas que minam seus esforços ou frustram suas esperanças.

196. Ache um novo emprego antes de pedir demissão: você encontrará um novo trabalho mais rápido e com mais facilidade se estiver empregado.

197. Tente durante 24 horas esquecer quem você é. Torne-se quem você poderia ser.

198. Seu trabalho é como um quebra-cabeça: para obter o mesmo resultado, você pode trabalhar com vinte grandes peças ou cinco mil minúsculas. Escolha o modo simples.

199. Desfaça-se do lastro.

200. O urgente é muitas vezes ruidoso e espalhafatoso. O importante é mudo e discreto. O mais urgente nem sempre é o que precisa ser feito com mais rapidez. Ocupe-se primeiro do que exige paciência.

201. Chega de competição. Tente a "coopetição". Metade cooperação, metade competição. Mãos dadas. Todos juntos. Muito mais fortes.

202. O estresse é contagioso: cerque-se de pessoas calmas, relaxadas e descansadas.

203. Adquira o hábito de trazer à tona os enganos e erros cometidos por seus colaboradores sem negar sua responsabilidade sobre o que quer que seja: ideal para criar um verdadeiro espírito de equipe.

204. Em vez de trabalhar mais, arranje um jeito de gastar menos.

205. Anote as datas de aniversário de seus colegas de trabalho. Para se lembrar de lhes dar parabéns de manhã cedinho.

206. Assuma suas decisões com segurança. Muita segurança. É em geral a chave do sucesso.

207. Tenha perto de você um painel com fotos de sua família.

208. Lembre-se sempre do seu verdadeiro objetivo: fazer as coisas rapidamente e bem. E não, ter razão. Ainda menos, explicar por que tem razão. Ou pior: demonstrar por que você tem razão de ter razão.

209. Largue a lupa, pegue o binóculo. Os problemas voltarão às suas justas proporções. Mágica.

210. Vá mais devagar. Velocidade chama velocidade. Acelerar complica tudo. E torna-se rapidamente sua própria razão de ser. Pior para os apressadinhos ao seu redor: pise macio no pedal.

211. Mantenha distância dos que pretendem lhe impor riscos que você não quer correr.

212. Aprenda a superar decepções, atrasos e turbulências com humor, paciência e perseverança. Eles lhe parecerão cada vez mais inofensivos e irrelevantes.

213. Um golpe de sorte pode nascer do acaso, mas nunca uma série de pequenas vitórias. Crie sua própria sorte.

214. Prepare-se para causar boa impressão. De cara. A primeira impressão é com freqüência a única que fica.

215. Aja com equilíbrio, flexibilidade e fluidez. Com elegância. Não confunda ação com agitação.

216. Reveja suas prioridades: faça antes o que lhe agrada de fato, aquilo a que você está disposto a se entregar 120%. O que o diverte e apaixona. O resto acabará achando seu lugar.

217. Quando falar de você, faça um retrato positivo e construtivo.

218. Todas as vezes que puder, substitua um e-mail, fax ou correspondência por um telefonema. Se ficar na dúvida sobre o que é melhor, telefone e envie depois apenas um resumo por escrito: você vai se surpreender com o tempo poupado.

219. Se estiver atrapalhado, pare tudo e reveja a ordem de suas prioridades.

220. Tome cuidado, confiança é como porcelana: quebra-se facilmente e conserta-se com dificuldade.

221. Aja. Mexa-se. A ação dissipa os aborrecimentos, o cansaço, os fracassos, o medo, os pesadelos e as idéias sombrias.

222. Explique o que vai fazer, faça, explique o que fez, depois resuma o que acabou de dizer. Se necessário, repita todos os passos. No trabalho, esse é freqüentemente o bê-á-bá de uma comunicação bem-sucedida.

223. Comece uma coleção inusitada.

224. Numa reunião, dirija-se aos indivíduos e não ao grupo como um todo.

225. Aproxime-se de pessoas melhores que você. Ou mude de grupo.

226. Livre-se de suas dúvidas e medos pessoais: esperar o melhor é dar-lhe todas as chances de se realizar. É dar todas as chances às suas capacidades, àqueles que o amam e ao acaso, que pode vir em seu socorro.

227. Não se deixe iludir: você tem todo o tempo que VOCÊ se dá.

228. Comece uma lista sem fim de todos os objetivos que seus colegas e você desejam atingir. Quando estiver em 10, vise ao 25. Quando chegar ao 25, mire no 50. No 50, pense em 100, 150, etc. Deixe uma margem grande para ir ticando. Para marcar os objetivos alcançados.

229. "Era impossível. Eles não sabiam. E fizeram." (Jean Cocteau)
Reflita. E você também, recuse-se a saber.

230. Aprenda a dizer NÃO mais vezes.

231. Faça uma pausa de oito minutos.

232. Antes de levar trabalho para casa ou para o fim de semana, pergunte-se sempre o que isso trará à sua vida.

233. Se ainda estiver tentado, transporte-se um ano para a frente e refaça a pergunta: aquele trabalho extra valeu a pena e mudou alguma coisa em minha vida? E vá para casa leve e solto.

234. Todas as vezes que puder, suba num barco, ônibus, charrete, cavalo ou bicicleta: tudo parece muito mais calmo, humano e repousante.

235. Trabalhe sorrindo interiormente. Sobretudo quando tudo estiver dando errado. No início, você terá que se obrigar a isso, mas as endorfinas logo irão ajudá-lo.

236. Almoce cedo. Volte cedo. Não o contrário.

237. Não confunda intensivo com extensivo. Longas horas de trabalho demonstram freqüentemente uma falta de eficiência ou de organização. Em vez de se felicitar, preocupe-se.

238. Mostre seu local de trabalho a uma criança. E redescubra-o através dos olhos dela.

239. Todas as manhãs, seja especialmente alegre, educado e amável com a primeira pessoa que encontrar.

240. Se estiver muito atarefado e sem tempo de sair para almoçar, leve para o escritório lanches e saladas saudáveis feitos em casa. Recuse-se a engolir aquilo de que o seu corpo não precisa.

241. Dedique seu tempo ao essencial, jogue fora todo o resto. O que não é essencial é inútil.

242. Não critique um colega por falta de motivação. Critique a si mesmo.

243. Faça um esforço para sair do trabalho todos os dias com a certeza de que foi útil.

244. Ouse trabalhar descalço.

245. Antes de sair do trabalho, liste suas três prioridades do dia seguinte.

246. Se você sabe qual é o emprego de seus sonhos, não espere nem um dia a mais: mesmo que precise de tempo, de dinheiro e de voltar aos estudos, a vida é uma só. Considere que, nesse percurso, você ainda vai se deparar com boas surpresas.

247. Ponha no papel as preocupações que superlotam sua cabeça. Escurecer o papel é ideal para clarear as idéias e esvaziar a cabeça.

248. Não espere para desfrutar um presente ou uma pequena loucura. Não guarde nada à espera de uma "ocasião especial": ela poderia estragar tudo vindo tarde demais. Ou pior: nunca.

249. Não espere a "ocasião especial": crie uma. Para quem sabe fazer isso, todo dia pode ser uma "ocasião especial". Aprenda rápido.

250. Pare e aspire o aroma das rosas.

251. Seja flexível.

252. Estabeleça objetivos e prazos realistas. Não carregue um fardo pesado demais desde a saída.

253. Leia cuidadosamente antes de assinar: o que está em letras minúsculas custa freqüentemente os olhos da cara.

254. Dê um jeito de praticar esportes de equipe. Ideal para desenvolver o gosto pelo esforço, o senso de grupo, e imprimir confiança em suas habilidades pessoais. Mas também para sentir o sabor embriagador das vitórias coletivas.

255. Formule três idéias para ter seus talentos reconhecidos.

256. Procure a companhia da vitalidade, do dinamismo e da simplicidade. Eles têm muitos amigos. Que se parecem e se reúnem. E quem junta um grupo assim acabará cedo ou tarde se assemelhando a ele.

257. Roube todos os dias alguns momentos de solidão. Quando você só estará para si mesmo.

258. Invista em três idéias para reforçar a justificada confiança que você tem em si mesmo.

259. Tenha sempre em sua carteira sete cartões de visita profissionais.

260. Não superestime a importância dos diplomas, da experiência e da inteligência.

261. Fique de olho no que anda comendo. Você precisa de energia, equilíbrio e variedade. Pense na vitamina C, no selênio, no zinco e no magnésio.

262. Não diga: "Sonhei alto demais." Fracione seus objetivos em etapas mais fáceis de cumprir e concentre-se em uma de cada vez.

263. De vez em quando, pegue a escada rolante que sobe quando quiser descer.

264. Ocupe o seu lugar. Não espere até que esteja livre.

265. Progrida passo a passo. Os passos devem ser suficientemente grandes para serem estimulantes e razoavelmente intercalados para não provocarem um estresse desnecessário.

266. Aproveite cada progresso, cada vitória, para cultivar a fé em suas capacidades pessoais e em seu potencial.

267. Seja forte o bastante para mostrar suas fraquezas.

268. Espere o melhor por parte dos outros.

269. De tempos em tempos, encha o bolso com jujubas, delicados, balas de coco, bombons e outras guloseimas. Redescubra o gosto dos pátios de recreio.

270. Autoconfiança não se compra, mas se pega emprestado. Tente por 24 horas fazer exatamente como se tivesse total confiança em você. Os resultados serão surpreendentes. Pois seu inconsciente não vai distinguir a realidade do fingimento.

271. Areje seus planos: tanto para respirar como para aproveitar uma ocasião mais favorável.

272. Acorde: preste mais atenção aos aspectos maravilhosos de sua vida.

273. Escolha três hobbies que você gostaria de explorar ou praticar se tivesse mais tempo e dinheiro. Estipule um prazo de três semanas para ter sua primeira aula em uma dessas atividades.

274. Tenha unicamente malas com rodinhas.

275. Nunca diga: "Ninguém é insubstituível." Ainda que a expressão seja bastante corrente nas grandes empresas. Esta é uma reação de autodefesa. Não uma verdade.

276. Não fique refém das vontades de seus filhos: eles preferem que você esteja disponível a possuir belos brinquedos.

277. Passe um dia inteiro lagarteando ao sol. Na praia, num parque ou num jardim.

278. Evite fazer perguntas que só podem ser respondidas por "sim" ou "não". Faça perguntas abertas. Para colher mais idéias, opiniões, reflexões e propostas.

279. Aprenda a decidir rapidamente.

280. Enquanto não estiver em paz com quem você é, nunca estará satisfeito com o que tem. Encontre-se e faça as pazes.

281. Procure um lugar propício, com várias portas ou janelas. E, com as costas coladas no chão e as pernas contra a parede, imagine o mundo de cabeça para baixo.

282. Fora do trabalho, evite falar "trabalho".

283. Escrevendo ou falando, seja simples, claro, preciso e conciso. É apenas um hábito a ser adquirido.

284. Reduza o número de suas prioridades.

285. Muitos se preocupam tanto em convencer os outros de sua felicidade que se esquecem de saboreá-la. Prefira ser feliz a parecer.

286. Organize, classifique, esvazie: bem organizado, espírito em liberdade; mal organizado, promessa de trabalho inacabado.

287. Calcule precisamente o que você ganha líquido e dê um jeito de economizar 10% dessa quantia todo mês.

288. Evite entabular uma conversa no elevador: diga apenas "bom dia!" e sorria.

289. "Um bom plano executado vigorosa e imediatamente é melhor do que um plano perfeito executado em uma semana." (Eisenhower)
Reflita.

290. Determine um lugar onde, todas as noites, você depositará simbolicamente todas as suas preocupações antes de chegar em casa. Com o hábito, você conseguirá se sentir livre, leve e solto.

291. Reserve um tempo para fazer o que você gosta. Deixar de aproveitar esses momentos é um luxo que você não pode se permitir.

292. Não deixe de tomar o café da manhã. É sua refeição mais importante, aquela que convém privilegiar como prioridade.

293. Encha a ampulheta da sua vida com o pó do amor. Não com o pó da inveja.

294. Não esquente: o único poder que o estresse pode ter sobre você é o que você lhe conceder.

295. Viaje de primeira classe sempre que puder.

296. Não caia na armadilha da Internet: depois de encontrar a informação, não se deixe levar por links e outras propostas dos servidores de busca. Dê-se um tempo-limite e estabeleça que, além disso, será tempo perdido.

297. Adquira o hábito de meditar durante o banho. Preguiçosamente e aos pouquinhos.

298. Tente criar um ambiente de trabalho propício à reflexão, à calma, à criatividade. Como um convite à serenidade.

299. Quando anotar o número do telefone de alguém, anote sempre o nome ao lado.

300. Diga com mais freqüência as palavras mágicas: "POSSO FAZER ISSO."

301. Sinta os aromas e observe as cores ao seu redor. Adivinhe os da sala ao lado. Tome consciência das maravilhas para as quais você normalmente está cego.

302. Seja generoso.

303. Comece suas reuniões mesmo que os retardatários não tenham chegado. Você só será mais apreciado por isso.

304. Muitos projetos não se concretizam UNICAMENTE porque não se definiu uma data para seu início ou para sua conclusão. FIXE DATAS.

305. Encontre idéias para despertar ou dinamizar o ambiente em seu local de trabalho.

306. Pare de dizer: "Vou tentar." Diga: "Vou fazer."

307. Escolha bem sua ferramenta. Se for um martelo, você verá pregos por toda a parte.

308. Faça silêncio dentro de si mesmo para melhor se escutar.

309. Em caso de divergência, atenha-se aos fatos. Descarte opiniões, sentimentos e impressões. Sua calma e sua determinação vão se impor.

310. Tenha três idéias simples para reduzir ou aproveitar melhor o tempo gasto no deslocamento entre sua casa e o trabalho.

311. Leia biografias de pessoas ilustres que lutaram com sucesso contra a adversidade.

312. Se você investisse em sua principal aptidão até ela se tornar um genuíno talento e uma verdadeira paixão, que ofício escolheria? Dê logo partida ao que tem na cabeça.

313. Não subestime seu tempo, sua energia, sua criatividade. Para que os outros não façam o mesmo. E à sua custa.

314. Adquira o hábito de colocar suas chaves sempre no mesmo lugar quando chegar em casa.

315. Torne-se um perito em fazer bem.

316. Arquitete três idéias para diminuir seus gastos e precisar ganhar menos dinheiro. Por exemplo, pense em reduzir seu padrão de vida, prescindir do carro, ter uma casa mais modesta e fácil de manter.

317. E pergunte-se: assim eu não aproveitaria mais a vida? Decida qual é seu verdadeiro objetivo: trabalhar mais ou ser feliz. Ter mais ou ser mais.

318. Colecione "aromas-recordações": o cheiro de roupa lavada na casa de sua mãe, o bolo de chocolate da sua avó saindo do forno, os jasmineiros em flor.

319. Seja lá o que estiver fazendo, faça com entusiasmo. Esta é com freqüência a chave do sucesso.

320. Diante de um problema profundo, não tente resolvê-lo imediatamente. A melhor solução em geral precisa de tempo para vir à tona.

321. Sinta prazer à medida que ele acontece; felicidade, assim que ela nasça. Rápido. A felicidade nunca está no depois.

322. Tenha sempre em mente suas três prioridades do dia, da semana e do mês.

323. Não se surpreenda se a sorte favorecer o mais bem preparado.

324. Desista: às vezes, não obter o que você quer quando você quer é um verdadeiro golpe de sorte.

325. Tome muito cuidado com o material que a empresa lhe confia. Como se fosse seu.

326. Cada passo torna o seguinte mais fácil. Seja qual for seu projeto mais valioso, mais ambicioso, dê partida nele. Um passo de cada vez.

327. Em público, não fale de negócios em voz alta. Você não sabe quem pode estar escutando.

328. Sinta asas crescerem em você. Saia voando.

329. Reformule todos os seus objetivos numa frase começando por "Eu quero".

330. Lembre-se de que 20% do esforço produz em média 80% do efeito. Mais do que isso é um desperdício cada vez maior. E você nunca perceberá a diferença. Pare assim que conseguir 80% do efeito desejado. Não vise à perfeição: não perca 80% do seu tempo aprimorando 20% de seu trabalho.

331. Não se prenda a modelos, normas, modas ou crenças que o levem a trabalhar mais, mais duro e mais tempo do que você realmente deseja. Na maioria das vezes, eles já estão completamente superados, caducos, obsoletos.

332. Dê um aperto de mão firme e não se esqueça de olhar nos olhos quando estiver cumprimentando alguém. Este é o seu melhor cartão de visitas.

333. Esqueça as promessas para o dia seguinte, por mais belas que sejam, quando uma felicidade instantânea, por menor que seja, lhe estender a mão.

334. Telefone para a pessoa amada: mostre-lhe que, mesmo no trabalho, você está pensando nela.

335. Nunca deixe para amanhã o que você sonha fazer hoje: o amanhã nunca chega.

336. Tente durante 24 horas se sentir exatamente como gostaria de se sentir.

337. Tome nota de seus objetivos atingidos e de suas realizações. Tanto para se deliciar e se motivar quanto para tomar coragem de pedir um aumento justificado.

338. Seja sempre o primeiro a abrir o salão de dança.

339. Em vez de reinventar a roda ou perder um tempo louco, faça uso dos modelos e documentos padronizados que você criou. Sempre que puder. Recicle.

340. Critique o comportamento. Não aquele que cometeu o erro.

341. Cerque-se de pessoas serenas e que vêem a vida pelo lado bom. Privilegie aqueles que, além disso, fazem você rir.

342. Esboce três idéias para se envolver pessoalmente em seu trabalho. Quanto mais se entregar, mais descobrirá atrativos, interesses, prazeres.

343. Evite os conflitos cujo objetivo é mostrar que você tem razão. Prefira ser feliz a ter razão.

344. Pratique mais vezes a "classificação vertical": em direção à lata de lixo, sem escalas.

345. Não perca a oportunidade de boiar de costas, deixar-se levar pela água e imaginar que vai se derreter lentamente como uma pedra de gelo.

346. Situe suas prioridades no presente. As outras, no futuro.

347. Não compre apenas porque está em oferta.

348. Coloque-se durante alguns minutos no lugar de um marciano descobrindo o planeta Terra. Veja como seu local de trabalho e sua casa são esquisitos.

349. Libere o seu espaço de trabalho de tudo o que não é essencial.

350. A felicidade acorda cedo. Não vá dormir tarde.

351. Os objetivos difíceis de atingir podem lhe tirar do sério. Divida-os. Ou dinamite-os.

352. Abençoe os problemas que não precisam de você ou que não precisam de solução.

353. Você não tem nenhum poder sobre os engarrafamentos nem sobre as filas de espera. Mas tem o poder absoluto sobre sua maneira de reagir. Assuma o poder.

354. Feche os olhos, coloque uma música suave e desfrute a plenitude de um banho relaxante. Se tiver uma banheira, perfume a água com gotas de óleo de lavanda.

355. Antes de sair para as compras, faça uma lista de alimentos saudáveis de que você precisa e atenha-se a essa lista.

356. Não explique ao outro como faria em seu lugar: apresente o problema e diga os resultados que espera. Esse método tem tudo para surpreender você.

357. Domine suas emoções para que elas lhe sirvam. Antes que o dominem e se sirvam de você.

358. Visualize-se aos 90 anos. Descubra o que deveria fazer desde hoje para ser perfeitamente feliz e saudável quando chegar lá. Entre em ação.

359. Passe na peneira suas leituras profissionais: você nunca conseguirá ler tudo, saber tudo, guardar tudo. O excesso de informação mata a informação. E sua vontade de passar à ação.

360. Faça pelo menos um batismo de parapente, canoagem ou alpinismo.

361. Não faça de seu celular um fardo ou uma chatice. In-su-por-tá-vel.

362. Limite seus cumprimentos a uma única frase: uma só é facilmente memorizada, ficando às vezes gravada pela eternidade, e marca muito mais que um dilúvio de elogios rapidamente esquecidos.

363. Encoraje cada iniciativa, cada tentativa.

364. Nos momentos difíceis, folheie seus álbuns de fotos, reviva suas lembranças e sinta prazer em despertar suas raízes.

365. Prefira trabalhar num lugar banhado de luz natural.

366. Quando seu interlocutor estiver indeciso, ajude-o: faça como se ele tivesse escolhido. A proposta de sua autoria, claro. Se for um cliente, preencham juntos o pedido. Você ficará espantado com o número de vezes que ele assinará. Além de lhe agradecer.

367. Perdoe rapidamente. E definitivamente.

368. Não espere que o dinheiro e o prestígio o façam feliz.

369. Dê mais telefonemas.

370. Comece pelo mais importante. O urgente sempre pode esperar.

371. Durante três minutos, enxergue a vida como um pequeno milagre. Recomece assim que possível.

372. Assegure-se de que seu trabalho lhe serve mais do que você a ele.

373. Tenha sempre em mente seu objetivo final: em caso de dúvida ou tentação, você escolherá com mais facilidade.

374. Proteja seus domingos: eles são sagrados.

375. Utilize pastas de cores diferentes para distinguir, num piscar de olhos, projetos prioritários, originais, cópias, etc.

376. Imagine um dia ideal no trabalho. Descreva-o de acordo com seus cinco sentidos: o que você ouve, sente, vê, etc. Fixe essa imagem de felicidade e reinvente seu trabalho atual.

377. Divida seus objetivos de longo prazo em miniobjetivos precisos, claros, numerados e datados. Decore essa lista e seus encadeamentos para se orientar por ela permanentemente. Mas permita-se reformulá-la sempre que achar necessário.

378. "O peixe é o que está na pior posição para avaliar o estado de seu aquário." (Mao Tsé-tung)
Para pensar com clareza, peça conselho aos amigos. Ou saia do aquário.

379. Apure suas maneiras, amplie suas relações: a civilidade e suas regras são um passaporte invisível para o sucesso na vida pessoal e profissional.

380. Antes de correr para onde a grama parece mais verde, pense em regar a do seu jardim.

381. Use o trajeto de casa para o trabalho para acordar os neurônios desafiando-os com temas difíceis. E chegue em plena forma.

382. Encoraje a triagem, o conserto, a troca, a recuperação e a reciclagem. Nosso planeta é muito frágil.

383. Não procure a felicidade mudando-se de cidade, de emprego ou de amigos: não é porque tudo será diferente que alguma coisa terá mudado. "Aonde você for, você já se encontra lá." (Provérbio zen)

384. Seja seu melhor amigo.

385. Aproveite três idéias simples para tornar seu trabalho mais alegre.

386. Não perca a oportunidade de atravessar uma "ponte de corda": antes de ficar de fato sobre a corda esticada, certifique-se da segurança do material e da capacidade dos técnicos.

387. Se tiver que escolher entre a família e o trabalho, escolha a família. Você nunca se arrependerá disso.

388. Persevere. Muitas pessoas não fracassam de verdade, apenas desistem de tentar a sorte.

389. Faça circular as boas notícias.

390. Sua primeira riqueza é sua saúde. E ela não é uma garantia eterna. Cuide-se.

391. Acolha seus erros e fracassos com benevolência. Eles são na realidade lições disfarçadas que o aguardavam para conduzi-lo ao sucesso.

392. Tente colecionar pequenas alegrias em seu trabalho. Caso contrário, você se arrisca a não encontrá-las em lugar algum.

393. Não viva à caça de elogios: são inúmeros aqueles que, ao correr atrás do reconhecimento, acabam recebendo seu derradeiro elogio. Na hora da demissão.

394. Deposite seus cheques o mais rápido possível.

395. Você nunca terá o suficiente daquilo de que não precisa. Escolha seus objetivos com muito cuidado.

396. Não deixe que suas posses o possuam.

397. Deixe a vida correr naturalmente em vez de tentar tudo controlar, decidir, dirigir.

398. Escolha suas batalhas com cuidado. O importante não é ganhar todas, e sim as mais importantes.

399. Não critique seu predecessor.

400. Coloque uma garrafa de champanhe na geladeira. Você encontrará um motivo para isso mais tarde.

401. Se encontrar o trabalho dos seus sonhos, ou se conseguir trocar as tarefas que não aprecia por outras de seu gosto, você nunca mais "trabalhará" em sua vida.

402. Feche os olhos e se pergunte: "Em que consistirá meu próximo pensamento?" E espreite seu pensamento seguinte. Exercício ideal para se concentrar. E, no momento atual, mantenha seus sentidos em alerta, seu espírito vigilante.

403. Não dispense um piquenique na relva.

404. Recupere-se rápido. Cometer um erro é aceitável. Mas não dar a volta por cima imediatamente seria um segundo erro lamentável.

405. Ouse pedir a lua. Você ouvirá mais "sim" do que imagina.

406. Tire um ano para você. Para mudar de direção, de vida, recomeçar a carreira, encarar uma disciplina ou um projeto que o atrai há anos.

407. Supere-se: fixar limites é limitar-se.

408. Não espere o dia de amanhã. Ou as férias. Ou ter mais dinheiro. Ou relações. Ou experiência. Ou um acontecimento. O melhor momento para começar é hoje. Agora.

409. Confie em sua sorte.

410. Quando você abre a porta para a felicidade, ela está por toda a parte. Abra-se.

Post-scriptum

Na Antiguidade, o trabalho não tinha nenhum valor moral. A vida dos homens livres era integralmente dedicada ao lazer. O trabalho – necessário, degradante, humilhante – era reservado aos escravos. Até o século XVIII, ninguém perdia a vida tentando ganhá-la. Santo Tomás de Aquino recomendava inclusive... o ócio.

O trabalho se tornou um valor universal no século das Luzes, durante o Iluminismo, quando passou a ser o único meio de alcançar a felicidade na Terra, graças à ciência e às técnicas. Mas atualmente as luzes já vão se apagando. E as gerações futuras talvez se espantem ao saber que nós também nos submetíamos ao trabalho.

Pois o trabalho está em plena mutação e parece tornar-se inexoravelmente mais rarefeito.

Desemprego, subemprego, redução da jornada, reestruturação, licença, antecipação da aposentadoria – as oportunidades para não trabalharmos vêm se multiplicando. Nós trabalhamos SEIS VEZES MENOS do que nossos bisavós. Desde 1850, a expectativa de vida passou de 45 para quase 85 anos. O trabalho ocupava 70% de uma vida, hoje ocupa cerca de 12%. E isso não acabou.

No ritmo em que as coisas evoluem, a história pode se repetir muito rápido: Jeremy Rifkin arrisca-se inclusive a anunciar para breve o fim do trabalho. Enquanto isso, vivemos o "trabalho sem fim", com chamadas ao celular a todo momento, sem contar outras "amarras" que nos prendem, como o laptop, que permite trabalhar em qualquer lugar. É tão arrojado que está ligado por satélite à rede da empresa, mas também dinamita as fronteiras físicas ou temporais.

A empresa não tem mais fronteiras, o trabalho não tem mais fronteiras, trabalha-se o tempo todo. O tempo de trabalho não está mais ligado à presença no local de trabalho. O trabalho não nos abandona mais. E nos faz mal: vivemos estressados, sobrecarregados, sem tempo para mais nada.

E o pior é que tudo isso leva a uma exigência cada vez maior de reconhecimento e triunfo pessoais. Pois o trabalho não permite mais que nos "realizemos" como antes. Portanto, quem em nossos dias ainda pensaria em fazer o elogio do trabalho? Esse elogio não nos toca mais. Ele está mais próximo do *Discurso da servidão voluntária* de La Boétie ou da cumplicidade na alienação geral de Marx.

Seria então preciso sonhar com uma sociedade de encantos paradisíacos, ignorar a jornada diária e mover-se sorrateiramente para o lado do ócio? Passada a euforia dos primeiros tempos, uma vida sem trabalho levaria a uma vida sem costura, esgarçada, destituída de arroubos e sutilezas. Seríamos obrigados a reaprender então as virtudes rapidamente esquecidas do trabalho: às vezes ele era penoso, suas aplicações industriais o desumanizaram a ponto de acarretar uma verdadeira fobia, mas ele oferecia uma estrutura, referências, sentido à vida.

Então como reinventar o trabalho? Do fundo de sua horta, Cândido nos grita a sabedoria das nações: "O trabalho afasta de nós três grandes males: o tédio, o vício e a necessidade." Como por acaso, as três faltas do ser. Os grandes utopistas, aliás, não se enganaram neste ponto: se por um lado sonharam todos com a preponderância do "bom tempo", do ócio e dos prazeres, por outro eles estipularam também um mínimo de trabalho* "útil e honesto". Melhor: também se dispuseram a atacar a ociosidade, "origem de todos os vícios" segundo Anton Francesco Doni (1513-1574), que aconselhava inclusive eliminar da colméia as "abelhas ociosas".

---

* 6,5 horas/dia para Étienne Cabet (1788-1856) em *Viagem a Icária;* 6 para Thomas More (1480-1535) em *Utopia;* 4 para Tommaso Camapanella (1568-1639) em *A Cidade do Sol;* e 3 para o genro de Marx, Paul Lafargue (1842-1911), em *O direito ao ócio.* Ainda que este último seja mais um panfleto do que uma utopia, é curioso observar que Lenin imaginava (artigo de 13 de março de 1914, em suas *Obras*) que o progresso técnico logo permitiria "reduzir em quatro vezes o trabalho dos operários", ou seja, na época, 12 dividido por 4: 3 horas, como Lafargue.

Ou seja, até mesmo os utopistas reconheceram no trabalho virtudes indispensáveis à paz social e à felicidade humana. O trabalho imprime ordem e sentido. Sem um mínimo de trabalho, não há nenhuma chance de felicidade. Portanto, quaisquer que sejam as tentações e possibilidades oferecidas pela tecnologia, devemos instaurar um equilíbrio responsável entre Sísifo e Anfíon. Entre o mito de Sísifo, condenado a empurrar eternamente montanha acima uma enorme pedra que volta sempre a rolar para baixo antes que ele atinja o cume. E o mito de Anfíon, o homem solitário que, ao tocar sua lira, convidava os blocos de pedra a se deslocarem por si sós e a se unirem para formar as muralhas de Tebas. Entre o eterno trabalho suado e sofrido e o ócio integral. Entre os esforços para consertar os erros e a irresponsabilidade total. Entre merecer as delícias do mundo e dispor dele como um vândalo.

Sonhamos com um equilíbrio em que o trabalho voltaria a ser uma obrigação, mas livremente consentida e mais fecunda e nobre do que nunca. Em que labor rimaria com amor.

Seria apenas um sonho? Mas sonhar já é se aproximar do que desejamos... E cresce cada vez mais o número de pessoas a sonhar o mesmo sonho. Aqui como do outro lado do planeta.

Que os ventos sejam favoráveis e o levem ao fim de seus sonhos.

E, sobretudo, viva bem...

Dominique Glocheux

Conheça outros títulos da Editora Sextante

Dominique Glocheux

A vida é bela

Só se vive uma vez. Então é preciso aproveitar cada momento. Descobrir o valor das coisas simples, dos pequenos tesouros escondidos que tornam a vida bela.

Esse pequeno manual vai segurar sua mão e levar você para um passeio dentro de si mesmo. Ele vai despertar idéias, sentimentos e desejos que estavam adormecidos.

Abra as portas de seu coração e as janelas de sua alma, saboreando cada um dos 512 conselhos reunidos aqui. Conquiste sua felicidade!

ERNIE J. ZELINSKI

Levando a vida numa boa

A felicidade requer trabalho, mas não um trabalho intenso, como acredita a maioria das pessoas. A felicidade requer que se preste atenção à vida. Por isso, todos deveríamos ter um pequeno livro como esse para ser consultado de tempos em tempos.

Mary Schmich

Filtro solar

Irreverente e emocionante, esse livro foi feito para você que deseja colorir a vida com uma dose extra de inspiração, otimismo e bom humor.

Publicado originalmente como um discurso de formatura, *Filtro solar* traz uma série de conselhos espirituosos sobre temas importantes como aparência, amigos, trabalho, família, juventude e saúde. Com lindas ilustrações, cada um deles lhe mostrará uma forma mais leve, terna e sábia de ver a vida.